AF311804

ESSAI
SUR
LA CRITIQUE.

PAR M. POPE.

Ouvrage traduit de l'Anglois en François

Par M. De S. ****

Nor in the critic let the Man be loft.

Et que le critique n'anéantiſſe point l'Homme.

P O P E.

A PARIS, chez ALIX, ruë
S. Jacques, au Griffon.

M. DCC. XXXVI.
Avec Permiſſion.

PRE'FACE
DU TRADUCTEUR.

" EXAMINEZ quel
" est vôtre penchant,
" quelle est la passion
" dominante de vôtre es-
" prit : cherchez alors un
" Poéte qui ait les mêmes
" inclinations, & choisissez
" un auteur comme l'on
" choisit un ami. Unis par
" ce lien de sympathie,
" vous devenez familiers,
" intimes, passionnés ; vos
" pensées, vos paroles, vô-

A ij

” tre ſtile, vos cœurs s'uniſ-
” ſent : vous n'êtes plus ſon
” interpréte, vous êtes lui-
” même. ”

Mylord Roſcommon don-
ne ce précepte dans ſon Eſ-
ſai ſur les Traductions en
Vers. C'eſt moins l'eſprit de
M. Pope que ſa maniére de
penſer, c'eſt ſur-tout le mé-
pris qu'il témoigne pour
ceux qui n'ont que le mé-
rite nu du bel eſprit, qui
m'a engagé à traduire ce
petit ouvrage ; & c'eſt prin-
cipalement par ces ſenti-

mens si humains, si aima-
bles & si judicieux, que je
le recommande au Lecteur.
On y trouve une excellente
morale, & il contient des
avis fort judicieux pour la
conduite & l'usage du monde : il ne m'a pas paru moins
propre à former le cœur que
l'esprit. Pope a pensé comme j'aurois souhaité pouvoir
le faire ; c'est tout ce que je
m'aplique du passage de
Mylord Roscommon. Je
raporterai encore un autre
trait tiré du même ouvrage.

A iij

» Lorsqu'après l'extinction
» de ses divisions intestines,
» la France commença de
» respirer, & que ses entre-
» prises au-dehors couron-
» nées par le succès, lui don-
» nerent la paix & des con-
» quêtes, les Sciences culti-
» vées par une main Roya-
» le y fleurirent avec éclat
» & rapidité. La Littérature
» y répandit ses douceurs ;
» les François s'apropriérent
» par d'excellentes traduc-
» tions, les meilleurs ouvra-
» ges connus chez les Grecs

» & les Romains, & l'Eu-
» rope doit avouer qu'elle
» profita de leurs travaux &
» de leur bon éxemple. Ils
» nous inspirerent une no-
» ble émulation ; ce qu'ils
» avoient fait, nous l'avons
» entrepris, & nous l'avons
» éxécuté. Même à préfent
» nous montrons au monde
» fçavant une route plus
» diſtinguée, & par nos tra-
» ductions en vers, nous fai-
» fons plus qu'ils n'ont fait.
» Il y a dans Horace une
» certaine férénité , pour

» ainſi dire, une clarté, une
» harmonie qui coule avec
» une grace que la proſe ne
» peut rendre : elle dégrade
» ſes penſées, elle ne mon-
» tre que *l'étoffe* & non le
» talent de l'ouvrier. Moi,
» qui me ſuis depuis plus de
» vingt ans attaché à ſon
» ſervice, à peine puis-je
» dans cet habillement, re-
» connoître mon ancien
» maître ? Voiſins, vos ſoins
» & vos eſpérances ſont vai-
» nes : c'eſt moins vôtre fau-
» te que celle de vôtre lan-

» gue. Le François eſt poli,
» eſt fleuri ; peut-être plus
» que l'Anglois, il abonde
» en paroles d'un ſon doux ;
» mais qui vit jamais dans
» leurs Auteurs nôtre préci-
» ſion & nôtre énergie : le
» poids d'une ligne *ſterling*
» * filé en *tournois*, rem-
» pliroit pluſieurs pages. Je
» dis mon ſentiment en
» homme impartial, avec

---

* C'eſt une alluſion à la différence
qui ſe trouve entre les monnoyes de
France & celles d'Angleterre : Une livre ſterling vaut environ vingt-trois
livres tournois.

» liberté, & je crois sans
» offense, prêt à me dédire
» lorsqu'un ouvrage Fran-
» çois me produira un esprit
» aussi nerveux & succint
» que le nôtre. —— Il est vrai
» que de composer est ce
» qu'il y a de plus noble,
» mais une bonne traduc-
» tion demande beaucoup
» d'art & n'est point aisée;
» vôtre imagination & vos
» mains sont également
» liées, &c. »

J'ai déja observé dans la
Préface de l'Essai sur l'Hom-

me, que la richeſſe de la langue & la fléxibilité des régles, rendoit en Anglois la verſification beaucoup plus aiſée qu'elle n'eſt en François. Leurs vers ſont compoſés de dix ſyllabes qui ſe prononcent : les ſyllabes muettes ne ſont point comptées, & n'aſſujettiſſent point le Poéte à aucune éliſion. On ne fait point de diſtinction entre rime maſculine & rime féminine. Un mot qui finit par une voyelle, peut être ſuivi par un

mot qui commence par une
voyelle : les bons Poétes évi-
tent à la vérité les *hiatus*,
mais néanmoins aucun n'en
eſt éxempt : c'eſt le goût,
& non la régle qui les ex-
clut. Ils ont beaucoup d'indulgence pour la rime ; une
reſſemblance de ſons, quoique ſouvent aſſés éloignée,
ſuffit. L'émiſtiche ou le repos eſt arbitraire à la qua-
triéme, cinquiéme ou ſi-
xiéme ſyllabe, ce qui eſt la
ſource d'une grande variété
de cadences. Les ſyllabes ne

font point égales dans leur prononciation ; il n'y a cependant point de régles établies pour la quantité, mais c'est l'usage, l'oreille & le goût qui la déterminent. On trouve dans les bonnes poéfies une certaine correspondance, entre la variation de l'émiftiche & celle de la quantité : c'est une délicateffe que l'on fent mieux que l'on ne peut l'exprimer : c'est un ménagement dans le choix & l'affociation des mots : c'est un effet du ta-

lent du Poéte. C'eſt ce qui u
fait qu'ainſi que dans la verſification , il y a auſſi un art
dans la maniére de lire les
vers ; qu'ainſi que l'un eſt la
marque du bon poéte, l'autre eſt celle du connoiſſeur.
La langue abonde de mo-
noſyllabes & de particules
explétives, qui donnent une
grande facilité, ſont d'un
grand ſecours & qui bien
employées ſervent à l'or-
nement, donnent en mê-
me-tems des graces & de
la force. On peut abréger

une très-grande quantité de mots ; adopter même , en cas de besoin , & *Anglifer* des expreſſions étrangeres ; car les Anglois ne chicannent point ceux qui les enrichiſſent. Leurs poéſies ſont remplies de conſtructions Grecques & Latines , & leurs phraſes ſont ſuſceptibles d'une très-grande variété d'inverſions ; d'où il réſulte une harmonie , qui eſt une des principales graces de leurs poéſies non rimées : telle que le Paradis perdu de Milton.

C'est ce qui fait que les Anglois ont de très-bonnes traductions en vers des Poétes Grecs & Latins ; & par les raisons du contraire, c'est ce qui fait que nous n'en avons point, c'est ce qui fait que leurs poésies sont fort supérieures aux nôtres. Il est vrai que cette gêne à laquelle on est assujéti, nous préserve d'un déluge de mauvais Poétes, & qu'elle oblige souvent, même les Poétes nés, de retourner leurs pensées de mille maniéres,

niéres différentes ; & que dans cette recherche, il se présente quelquefois des images brillantes, des tours heureux, des penſées neuves, dont on eſt uniquement redevable au joug qui leur eſt impoſé. C'eſt ce qui arrive ſouvent dans la compoſition où un auteur eſt maître de ſes idées ; c'eſt ce qui ne peut avoir lieu que très-rarement dans les traductions en vers, où la premiere régle eſt de ne point s'éloigner du ſens de l'original.

B.

Je me suis regardé dans cette traduction comme ayant les mains liées. Je me suis d'autant plus attaché à être littéral, qu'il y a déja deux traductions de cet Essai en vers François ; l'une, par M. Robbeton qui étoit Conseiller & Sécretaire privé du feu Roi d'Angleterre ; ce n'est qu'une imitation assés imparfaite : l'autre, est par M. l'Abbé du Resnel. Il y en a même eu une troisiéme par le Général Hamilton, mais elle n'a jamais été imprimée , & malheureusement on en croit le manuscrit perdu. On doit regretter une traduction, faite par l'Auteur des Mémoires du Comte de Grammont. Ces différens Auteurs ont tâché de rendre les graces de la Poésie ; je n'en veux qu'au sens. Je laisse à leurs ouvrages le soin de faire connoître l'habileté de l'ouvrier ; je leur cede, & même avec plaisir, la gloire de l'élégance. Si cette traduction a quelque mé

rite, ce fera celui d'être plus
exacte, plus concife, & ner-
veufe ; ma tâche eft de faire
connoître autant qu'il m'eft
poffible, la fubftance de l'é-
toffe ; & elle mérite d'être
connue : elle mérite qu'on
en faffe ufage.

Que le Lecteur ne perde
donc point de vûe l'objet
que je me fuis propofé, &
que par conféquent, il ne
trouve point qu'il manque
dans cette traduction des
qualités que je n'y ai pas
voulu mettre. Plûtôt que

d'altérer le sens, j'ai brusqué la langue. Pénétré des graces de l'original, qui sont éminentes & supérieures, elles m'ont paru au-dessus de ma portée. Oui, je dirai qu'il y a des beautés dans le stile, que la poésie même n'atteindroit pas en aucune autre langue ; tel est l'endroit où M. Pope parle de ceux qui ne recherchent dans un Poéme que l'harmonie, & où il dit que le son doit paroître l'écho du sens qu'il exprime : il y pratique lui-même ce précepte avec un art inimitable. Traducteur & disciple, j'ai tâché de faire paſſer dans la proſe l'obſervation de cette régle ; mais je reconnois que mes efforts ont été bien ſtériles. Amyot, le vieux traducteur de Plutarque, avoit le talent de mettre beaucoup d'harmonie dans ſon langage, & c'eſt ce qui ſoutient encore aujourd'hui ſes traductions contre le nombre des années ; mais Amyot lui même, qui avoit certainement beaucoup de goût pour fentir, & beaucoup de talent pour rendre toutes les beautés de cette nature, n'eût certainement pas rendu toutes celles qui fe trouvent dans Pope ; il y en a qui font inféparables de l'original.

On peut divifer cet Effai en trois parties ; les Notes marginales prefque toutes tirées du fommaire que M. Pope a mis en tête de fon ouvrage, me difpenfent d'en faire l'extrait : elles en font suffisamment sentir l'ordre & la liaison. J'ai mis au bas des pages *en caractéres itali-ques*, toutes les notes de M. Pope, pour les distinguer de celles que j'y ai ajoutées.

ESSAI

SUR

LA CRITIQUE.

PART. 1. IL est difficile de décider si l'on trouve un plus grand défaut d'habileté à écrire qu'à juger mal ; mais de fatiguer nôtre patience ou d'égarer nôtre jugement, le premier est le moins dangereux : c'est aussi le plus rare ; l'autre est très fréquent. Pour un qui écrit mal, dix censurent de travers. Autrefois un Sot en rimant exposoit lui-même, & n'exposoit que sa propre sotise ; à-présent un Sot

C'est une aussi grande faute de juger mal, que de mal écrire, & c'est une faute plus dangereuse.

C

qui rime fait des légions de fots Difcoureurs en Profe.

2. Il en eft de nos jugemens ainfi que de nos montres : aucune ne va parfaitement d'accord avec celle des autres, mais chacun s'en raporte à la fienne. Un vrai génie eft une chofe rare dans les Poétes ; mais le vrai goût n'eft pas moins rare chez les critiques. Ils doivent également tenir du ciel un efprit lumineux : ainfi que l'on doit être né Poéte, on doit être né critique.

C'eft à un Auteur qui lui-même excelle, d'enfeigner les autres ; c'eft à ceux * qui ont écrit avec

---

* *Qui fcribit artificiofe, ab aliis commodę fcripta facile intelligere poterit.* Cic. ad Herenn. Lib. 4.

succès de censurer avec liberté. Un Auteur est partial pour ses écrits ; il est vrai : — mais un Critique ne l'est-il pas pour ses sentimens ?

3. Toutefois si l'on éxamine de près, on trouvera que la plûpart des hommes ont en eux-mêmes les semences d'un sens droit *. Il y a une certaine lueur que la nature au moins ne refuse pas. Les lignes quoique foiblement tracées sont tirées droites ; mais une esquisse légére, faite avec régularité, devient choquante, lorsqu'elle est gâtée par

Tous les hommes sont nés avec quelque goût, mais il est souvent gâté par une éducation mal entendue. Diverses autres causes de la multitude des mauvais Critiques.

---

* *Omnes tacitò quodam sensu sine ulla arte aut ratione, quæ sint in artibus ac rationibus recta ac prava dijudicant.* Cic. de Orat. Lib. 3.

C ij

le coloris : De même le bon sens
est défiguré par un faux sçavoir.
La Sophistiquerie des écoles est
un labyrinte où souvent l'esprit
s'égare, & souvent celui que la
nature n'a destiné qu'à être un
sot, se rend un fat. Il perd le bon-
sens à la quête du bel esprit, &
ensuite obligé de se défendre, il
devient critique. Ceux qui ne
peuvent point écrire, ainsi que
ceux qui le peuvent, brûlent d'un
même feu ; Eunuques & Rivaux
sont également dévorés par l'envie & le dépit. Cependant tous
les Sots ont la demangeaison de
se rire des autres, & ils vou-
droient de bon cœur être du côté
des rieurs. Si en dépit d'Apollon
Mœvius barbouille du papier, il

y en a qui jugent encore plus mal qu'il ne peut écrire.

Cette gradation n'est point rare, de passer d'abord pour bel esprit, ensuite pour Poéte ; de Poéte devenir Critique, & d'être enfin reconnu pour un Sot dans toutes les formes. Il y en a qui ne sçauroient passer pour beaux esprits, ni pour Critiques ; semblables à l'espéce pesante des mulets qui ne sont ni ânes ni chevaux. Nôtre Isle fourmille de ces diminutifs d'esprits, à demi-sçavans, ainsi que les bords du Nil fourmillent d'insectes à demi-formés ; des je ne-sçai-quoi non achevés, d'une génération si équivoque qu'on ne sçait comment les appeller : cent bouches

suffiroient à peine pour les nom-
mer tous, & il y auroit de quoi
fatiguer un de ces vains Parleurs,
capables eux-mêmes de fatiguer
cent perſonnes.

Etudier ſon
propre goût,
& connoitre
ſa portée.

4. Mais vous qui cherchez à
donner de la réputation & voulez
en mériter, Critiques dignes de
ce beau nom, aſſurez-vous de la
connoiſſance de vous-mêmes &
de l'étendue de vôtre portée.
Sçachez juſqu'où peuvent atteindre vôtre génie, vôtre goût &
vôtre ſçavoir : Soyez diſcrets,
fondez vôtre profondeur & n'al-
lez point au-delà. Il y a un point
qui ſert de borne entre la ſtupidité & le bon-ſens, obſervez-le.
La nature a preſcrit des limites
convenables à toutes choſes : elle

a fagement reftraint l'efprit préfomptueux de l'homme fuperbe.
Ainfi que lorfque dans quelque
endroit l'Océan gagne fur la ter-
re , il laiffe dans quelqu'autre des
plaines de fable découvertes ; de
même lorfque dans l'ame la mémoire domine, la folidité de l'en-
tendement y régne avec moins
de puiffance ; les rayons d'une
imagination ardente y diffipent
les douces impreffions de la mémoire. Une telle fcience n'eft
que pour un tel génie ; l'art eft
étendu , & les bornes de l'efprit
font refferrées; & non-feulement
l'efprit eft borné à un feul art ,
mais fouvent il l'eft à quelques
parties de cet art. Ainfi que les
Rois , nous perdons une partie

des conquêtes que nous avons
faites, par la vaine ambition d'en
faire encore de nouvelles. Chacun pourroit bien gouverner son
district, s'il vouloit s'en tenir à
ce qu'il entend.

5. La prémiére loi est celle de
suivre la nature ; que vos jugemens soient marqués à son coin,
qui est toujours le même, sans
variation. La nature ne s'égare
point ; elle brille encore du même feu divin : lumiére univer-
selle, claire & invariable, c'est
elle qui doit donner à tout la vie,
la force & la beauté. Elle est
tout-à-la-fois la source, la fin &
la régle de l'art. C'est de ce fonds
que l'art doit pourvoir à ses justes
besoins, travaillant sans se faire

voir, & préſidant ſans oſtenta-
tion. C'eſt ainſi que l'ame qui
anime un beau corps, le nourrit
d'eſprits, le remplit de vigueur,
dirige chaque mouvement &
fait agir chaque nerf; inviſible,
elle n'eſt connue que par ſes ef-
fets. Il y en a que la faveur du
ciel a comblés d'un tréſor d'eſprit, & cependant pour le ma-
nier ils auroient beſoin d'en
avoir encore autant : car l'eſprit
& le jugement ſe querellent ſans
ceſſe, quoique deſtinés à s'aider
réciproquement, ainſi que l'homme & la femme. Il y a plus d'habileté à guider qu'à éperonner le
Palefroi des Muſes ; à modérer
ſes fureurs, qu'à exciter ſes em-
portemens. Le cheval aîlé, ſem-

blable à un noble & brave cour-
sier , ne fait jamais paroître plus
de feu & de vigueur , que lorsqu'il est retenu dans sa course.

L'art n'est que la nature reduite en régles.

6. Ces préceptes ancienne-
ment découverts , & non pas in-
ventés , sont la simp'e nature ,
mais la nature méthodiquement
exposée : semblable à une Mo-
narchie , elle n'est réstreinte que
par les propres loix qu'elle même a d'abord préscrites.

Les régles ont été tirees de la pratique des Anciens.

7. Ecoutez comment la Gréce
sçavante en énonce les maximes
utiles ; lorsqu'il faut retenir ses
efforts ou s'y abandonner. Du
sommet du Parnasse elle montre
ses enfans , & trace les pas de
leur course hardie ; elle tient de
loin , & fort haut , le prix im-

mortel , & preſſe les autres d'y
atteindre par des pas égaux. C'eſt
ainſi que les régles * furent déri-
vées des éxemples ; elle tira d'eux
ce qu'ils tenoient des cieux. Une
généreuſe critique épuroit le feu
de la poéſie , & enſeignoit à ad-
mirer avec connoiſſance : atta-
chée au ſervice & à l'ornement
des Muſes ; elle en relevoit les
charmes & les rendoit plus ai-
mables. Mais par la ſuite , contre l'eſprit de cette ſubordina-
tion , ceux qui ne purent pas gagner la Maîtreſſe , courtiſérent
la Suivante : ils ſe ſéparérent &
firent à part un corps nouveau ;

---

* *Nec enim artibus editis factum eſt ut ar-*
gumenta inveniremus , ſed dicta ſunt omnia
antequam præciperentur , mox ea ſcriptores
obſervata & collecta ediderunt. Quintil.

ils tournérent contre la poéfie fes propres armes, & ceux de qui ils avoient apris le plus, furent toujours ceux qu'ils haïrent le plus. C'eft ainfi que les Apoti-caires * de nos jours, apren-nent par les ordonnances des Médecins, l'art d'en jouer le rô-le, & que hardis dans la pratique des régles qu'ils n'entendent point, ils ordonnent, ils apli-quent & traitent leurs maîtres de fots & d'ignorans. Il y en a qui acharnés fur les Anciens, en font leur proye ; ils gâtent tout ce

---

* Cette réfléxion a particuliérement lieu pour l'Angleterre, où les Médecins font rarement apellés, à caufe que l'ufage eft de les payer généreufement. On met fa con-fiance en des Apoticaires qui en font fou-vent indignes & qui tranchent du Doc-teur.

qu'ils touchent, pires que le tems,
pires que les vers. D'autres sans
génie, sans invention, écrivent
d'une maniére aussi plate que sé-
che, une stupide recette * pour
composer un Poéme. Ceux-ci
font paroître leur science aux
dépens du goût, & les autres
aux dépens des Anciens dont
ils font disparoître le sens.

8. Vous donc qui voulez guider vôtre jugement par le droit
chemin, étudiez & connoissez

Il en résul-
te la nécessité
d'étudier les
Anciens à
fonds, parti-
culiérement
Homére &
Virgile.

---

* Il y a dans les Mélanges du Docteur
Swift & de M. Pope, un traité de *Martinus
Scriblerus*, sur le *Bathos* ou l'Anti-Sublime.
Je crois que le Docteur Arbuthnot en don-
na la prémiére idée, & que M. Pope eut le
plus de part à l'éxécution. On y trouve une
recette pour composer un Poéme épique. Le
Docteur Mathanasius quoiqu'habile hom-
me, me paroît fort inférieur à *Martinus
Scriblerus*.

le caractére propre de chaque
ancien ; sa fable, son sujet, son
but, sa religion, son pays, & le
génie de son siécle. A moins que
d'envisager toutes ces choses à la
fois, on ne peut que chicanner,
& non pas critiquer. Que les
ouvrages d'Homére fassent vôtre
étude & vôtre plaisir ; lisez-les
pendant le jour, meditez-les
pendant la nuit : modélez sur
eux vôtre jugement; tirez-en vos
principes & recherchez-y la poésie en remontant à sa source. Re-
lisez-le en le comparant avec
lui-même, ou que la Muse de
Mantoue * vous serve de com-
mentaire.

* Virgile a puisé dans Homére ; on peut
regarder l'Enéide comme une imitation de
l'Iliade & de l'Odissée. La meilleure ma-

Lorsque Virgile encore jeune commença de chanter les Rois & les Combats, avant que Phœbus * eût frapé ses oreilles tremblantes, peut-être se croyoit-il au-deſſus des loix de la Critique, & ne daignoit-il puiſer que dans la ſource de la nature : Mais lorsqu'il vint à éxaminer chaque partie, il trouva que la Nature & Homére étoient une même choſe. Convaincu, étonné, il modére la hardieſſe de ſa veine, il travaille ſa poéſie, & l'aſſujétit

niére d'étudier ces deux Poétes, eſt de les étudier l'un par l'autre.

* *Cum canerem Reges & prælia, Cynthius aurem*

Vellit. —— Virgil. Eclog. 6.

Quelques Critiques, à l'occaſion de ce vers, diſent que Virgile avoit commencé un Poéme héroique ſur les Rois & les Guerres de Toſcane.

à des régles auffi étroites que fi le Critique de Stagire * eût dû revoir chaque vers. Aprenez de là, à concevoir une jufte eftime pour les anciennes régles ; s'y conformer, c'eft fe conformer à la nature.

Des licences & de l'ufage qu'en ont fait les Anciens.

9. Il y a cependant des beautés que les regles ne peuvent expliquer. *Il y a des traits réguliers & il y a auffi des traits heureux :* ainfi qu'il y a un art, il y a un bonheur. La mufique & la poéfie fe reffemblent ; il y a dans l'une & dans l'autre des graces fans nom, qu'aucune méthode ne fçauroit enfeigner, & qu'une main de maître peut feule attein-

---

* Ariftote étoit de la Ville de Stagire en Trace.

dre.

dre. Les régles n'étant préscrites que dans une certaine vûe, si dans une occasion où elles se trouvent trop resserrées, une heureuse licence répond entiérement au dessein proposé *, cette licence devient de précepte. C'est ainsi que l'égaze peut, pour prendre un chemin plus court, s'écarter de la route battue ; un génie peut quelquefois violer la régle avec gloire & succès, & s'élever à des fautes que les vrais critiques n'osent corriger ; s'éloigner des limites vulgaires avec un beau désordre, & saisir une

* _Neque tam sancta sunt ista præcepta, sed hoc quidquid est utilitas excogitavit ; non negabo autem sic utile esse plerumque ; verum si eadem illa nobis aliud suadebit utilitas, hanc relictis Magistrorum autoritatibus, sequemur._ Quintil. lib. 2. cap. 13.

D

grace au-delà de la portée de
l'art, qui en s'affranchissant du
jugement gagne le cœur, & d'un
seul coup remplit toutes ses fins.
C'est ainsi que dans une perspec-
tive, des objets qui ne sont point
dans l'ordre commun de la nature, un roc informe, un préci-
pice effrayant, frapent agréablement les yeux. Mais dans ces oc-
casions, la poésie éxige néanmoins une certaine retenue, elle
éxige de la discrétion jusques,
dans la folie; & quoique les Anciens ayent transgressé leurs propres régles, (semblables en ce
point aux Rois qui dispensent
des loix qu'ils ont faites) Modernes, soyez réservés : ou si vous,
croyez devoir violer la loi, ayez

foin de n'en jamais tranfgreffer
la fin ; faites-le rarement lorfque
la néceffité vous y porte, & ayez
au moins leur éxemple à allé-
guer : fi-non , le Critique attaque , il n'épargne point , il faifit
vôtre réputation & met fes loix
en vigueur.

Il y a , je le fçai , des efprits
préfomptueux à qui ces beautés
libres , paroiffent en elles-mêmes
des fautes. Des figures confidé-
rées à part , ou regardées de trop
près , paroiffent informes & mon-
ftrueufes ; mais fi elles font pro-
portionnées à leur place & à leur
jour , elles fe trouvent par une
certaine diftance réconciliées
avec la régularité & les graces.
Un Général prudent ne doit pas

toujours ranger ſes troupes ſur des lignes égales & en ordre de bataille ; mais il doit ſe prêter au terrein, à l'occaſion ; cacher ſa force, & même quelquefois faire ſemblant de fuir. Ce qui ſouvent paroît erreur n'eſt qu'un ſtratagême, & ſouvent ce n'eſt point Homére qui dort *, c'eſt ſon Lecteur qui rêve.

Reſpect dû aux Anciens, & leur éloge.

10. Les lauriers qui ornent les autels des Anciens conſervent encore leur verdure, hors de l'atteinte des mains ſacriléges, reſpectés par les flâmes, par l'envie dont la rage eſt encore plus furieuſe, par la guerre qui dé-

---

* *Quandoque bonus dormitat Homerus*, dit Horace : On ne ſçauroit prendre le parti d'Homére plus ingénieuſement que M. Pope le fait.

truit tout, par le tems qui dévore
tout. Voyez les Sçavans de tous
les climats y aporter leur encens ;
écoutez les Poétes d'accord les
honorer de leurs chants en toutes
les langues. Que toutes les voix
unies dans des louanges si justes,
forment un chœur général. O
Poétes triomphans, nés dans de
plus heureux jours, immortels
héritiers d'une gloire univerfel-
le, qui augmente avec le déclin
des années, ainsi que des fleuves
qui s'accroiffent à mesure qu'ils
coulent ; des Nations à naître feront retentir vos noms glorieux ;
des Mondes à découvrir aplau-
diront à ces louanges. O, puiffe
une étincelle de vôtre feu célefte
infpirer le dernier, le moindre

de vos nourriſſons , (qui d'une
aîle foible fuit de loin vôtre vol
rapide, s'embraſe par la lecture,
mais qui tremble quand il s'agit
d'écrire) puiſſe-t-elle l'inſpirer
pour aprendre à des eſprits pré-
ſomptueux une ſcience peu connue ; pour leur aprendre à admi-
rer des ſentimens éminens & ſu-
périeurs , & à ſe méfier du leur
propre.

II.
PART. 1. **D**E toutes les cauſes

Cauſes de
la corruption
du jugement.

qui conſpirent à aveugler le jugement & à égarer l'eſprit, celle
par laquelle une tête foible eſt
gouvernée avec le penchant le

Vanité.

plus violent, c'eſt la vanité ; vice
qui ad hére conſtament à un ſot.
Ce que la nature lui a refuſé en

mérite, est abondamment supléé par le renfort d'une vanité secourable ; car il en est de l'ame ainsi que du corps, où les vuides qui se trouvent dans le sang & dans les esprits, sont gonflés par un air venteux. Au défaut de l'esprit, la vanité vient à nôtre secours, & quelque vuide qu'il y ait dans le sens d'un homme, elle le remplit entiérement : mais lorsqu'une fois la raison dissipe ce nuage, la vérité paroît avec éclat, & brille d'une lumiére à laquelle on ne peut résister. Ne vous fiez pas à vous-même, mais pour connoître vos défauts, faites usage de tout ami ——— & de tout ennemi.

2. Un demi sçavoir est une ^{Demi-sça-} voir.

chofe fort dangereufe ; ne buvez
point à la fontaine de l'Hélicon,
que vous n'y buviez beaucoup :
là , de petits coups envoyent des
fumées au cerveau , & l'on n'y
devient fobre qu'en buvant à
grands traits. Enflamée d'abord
par le plus léger reffentiment de
l'infpiration des Mufes , une jeu-
neffe téméraire attente à la plus
haute fublimité de l'art ; du ni-
veau de fon efprit , trop bornée
dans fa vûe , elle n'aperçoit ni la
diftance qu'elle laiffe en arriere ,
ni l'étendue qui eft devant elle :
mais enfuite plus avancée , elle
voit avec furprife de nouvelles
Scénes de fcience s'élever dans
une diftance fans fin. C'eft ainfi
que charmé à la prémiére vûe, le
Voyageur

Voyageur entreprend de gagner la hauteur des Alpes ; il enjambe les vallées, & paroît aſſaillir le ciel : il croit avoir bien-tôt paſſé les neiges éternelles ; les prémiers nuages, les prémiéres montagnes lui paroiſſent être les derniéres : mais les a-t-il atteintes, il trem-ble à la vûe d'une carriére qui s'allonge & d'un travail qui s'a-croît. Ses yeux errans ſe laſſent d'en enviſager la perſpective ; les montagnes s'acumulent ſur les montagnes, de noüvelles Alpes renaiſſent.

3. Un Critique parfait * lira un Ouvrage dans le même eſprit Défaut de juger par une partie & non par le tout.

---

* *Diligenter legendum eſt, ac pœne ad ſcribendi ſollicitudinem : nec per partes modo ſcrutanda ſunt omnia, ſed perfectus liber utique ex integro reſumendus.* Quintil.

E

que l'Auteur l'a composé. Il envisage le tout ; il ne cherche point à relever de petites fautes, lorsque l'ame est émue par la nature, & échauffée par des beautés ravissantes ; il ne se dérobe point pour le plaisir stupide d'une malignité mordante , au plaisir généreux d'être charmé par un trait vif & touchant. On ne peut, il est vrai , rien blamer dans ces productions languissantes , semblables à une eau ni courante ni agitée , où l'Auteur évitant soigneusement les fautes , toujours égal , parfaitement uni , est correctement froid , & rampe avec régularité ; on ne peut rien blamer, —— mais on peut dormir. En fait d'esprit ainsi que dans la nature , ce n'est point la régularité de chaque partie détachée qui touche le cœur. Une lévre, un œil ne conftitue point, ce qu'on apelle une beauté ; mais c'eft la force réunie & le réfultat complet du tout. Ainfi lorfqu'on voit ce Dôme fi bien proportionné (digne objet de l'admiration du monde *, digne même de la tienne, ô Rome,) des parties détachées ne frapent point d'une maniére inégale ; le tout enfemble fe préfente réuni aux yeux du Spectateur étonné ; Rien de bizare dans la hauteur, la longueur ou la largeur : le tout eft tout-à-la-fois hardi & régulier.

Celui qui voudroit une piéce

____

* Le Dôme de l'Eglife de S. Pierre de Rome.

éxemte de défauts, voudroit ce
qui n'a point été, ce qui n'eſt
point, & ce qui ne ſera jamais.
En chaque Ouvrage regardez le
but de l'Auteur, car perſonne ne
peut y trouver plus que l'Auteur
n'y a voulu mettre. Si la conduite eſt juſte, ſi les moyens ſont
véritables, cet Ouvrage, en dépit de quelques fautes légéres
mérite nos éloges. Ainſi qu'un
homme bien élevé, un homme
d'eſprit doit quelquefois com-
mettre de petites fautes pour en
éviter de capitales. Négligez les
régles que des Critiques Epilo-
gueurs ſe plaiſent d'impoſer, car
il eſt glorieux d'ignorer de certaines bagatelles. La plûpart des
Critiques amoureux d'une per-

fection fubalterne, font dépendre le tout, d'une partie, ils parlent de principes, mais ce font leurs propres idées qu'ils aprécient, & tous facrifient à quelque folie chérie.

4. On dit qu'une fois le Chevalier de la Manche rencontrant un Poéte en fon chemin, difcourut du Théatre d'Athénes dans des termes auffi juftes, d'une maniére auffi habile que *Dennis* * l'auroit pû faire; traitant de fous & de fots achevés tous ceux qui ofoient s'éloigner des régles d'Ariftote. Le Poéte s'eftimant heureux de la rencontre d'un Juge fi

Affection & foible pour une particularité.

___

* *Dennis* eft un Poéte & Critique Anglois, mais un de ceux qui jugent avec chaleur & écrivent avec froideur.

habile, lui produit une Piéce de Théatre & lui demande ſon avis: il lui en détaille le ſujet, l'intrigue, les caractéres, les paſſions, l'unité, tout: & le tout étoit éxactement conforme aux régles : mais il y avoit un combat qui n'étoit point repréſenté ſur la Scéne. Quoi, s'écrie le Chevalier * , omettre le combat ? Ouy, ou il faut renoncer au Philoſophe Grec. Non, par les Dieux, répond-t-il en fureur, Chevaliers, Ecuyers, Chevaux, doivent paroître ſur le Théatre. Le Théatre ne peut les contenir. Bâtiſſez - en donc un nouveau,

---

* Que de Don Quichotes parmi les Auteurs Dramatiques Anglois ! Les combats ſur le Théatre y ſont fort ordinaires.

ou repréſentez dans une cam-
pagne.

C'eſt ainſi que les Critiques
plus capricieux que ſenſés, curieux & non connoiſſeurs, épi-
logueurs & non éxacts, ſe for-
gent de petites idées. Ils péchent
contre l'art, ainſi que la plûpart
des gens contre le ſçavoir-vivre,
par trop d'amour pour quelques
particularités.

5. Il y en a qui fixent leur
goût à des ſubtilités; chaque vers
frape par quelque penſée brillante. Ils ſont charmés d'un ouvrage, où il n'y a rien de juſte, où
tout eſt déplacé; amas baroque
& cahos éblouïſſant d'eſprit &
de pointes. Ces poétes reſſem-
blent à ces Peintres qui incapa-

Pointes &
ſubtilités.

E iij

bles de repréſenter & d'animer les graces d'une nature nue, la chargent d'or & de joyaux, & ſous ces ornemens cachent leur manque d'art. Le vrai * bel-eſprit n'eſt que la nature repréſentée de la maniére la plus favorable ; ce qui a été ſouvent penſé, & ce qui ne fut jamais ſi bien exprimé ; un trait dont à la prémiére vûe nous trouvons que la vérité eſt prouvée, & qui ne fait que retracer des images qui ſont en nous mêmes. Ainſi que les ombres donnent des graces à la lumiére, de même une ſimplicité modeſte donne du relief à

---

* *Naturam intueamur, hanc ſequamur : id facillime accipiunt animi quod agnoſcunt.* Quintil. lib. 8. cap. 3.

la vivacité de l'esprit ; car il peut
y avoir dans un ouvrage plus d'esprit qu'il ne faut pour sa bonté
& sa perfection, ainsi qu'il y a
des corps qui périssent par une
surabondance de sang & de chaleur.

6. Il y en a dont tous les soins Style.
n'ont pour objet que la perfection du style, & qui n'estiment
un ouvrage, que comme les fem-
mes estiment les hommes, par
le mérite d'être bien habillés.
Font-ils un éloge, c'est toujours
——— Le style en est excellent.
Quant au sens, ils présument
avec humilité qu'il est fort bon.
Ainsi que lorsqu'un arbre est
abondamment couvert de feuil-
les, on ne trouve d'ordinaire que

peu de fruit ; de même l'on trouve rarement beaucoup de fens
fous beaucoup de mots. La fauffe
éloquence ainfi qu'un prifme de
verre, répand fes couleurs éblouif-
fantes fur toute forte d'objets ;
on n'aperçoit plus la face de la
nature, tout reluit également,
tout brille fans diftinction. La
véritable éloquence eft femblable au Soleil, qui fans changer
les objets, les éclaire & les em-
bellit ; il les dore, pour ainfi dire, mais il ne les altére point.
L'expreffion eft l'habillement de
la penfée, qui n'eft décent qu'autant qu'il eft afforti. Une penfée
baffe exprimée avec des mots
pompeux, reffemble à un Payfan
revêtu de pourpre & d'hermine ;

car il y a pour les différentes fortes de fujets, différentes fortes
de ftyle, ainfi qu'il y a différentes fortes d'habits, pour la Cam-
pagne, la Ville, & la Cour. Il
y en a qui prétendent par de
vieux mots *, mériter une place
dans le Temple de Mémoire;
Modernes médiocres en fens &
en penfées, ils ne font Anciens
que dans leurs phrafes. Des riens
étudiés, d'un ftyle fi étrange,
étonnent les ignorans & font rire

---

* *Abolita & abrogata retinere, infolentiæ*
cujufdam eft, & frivola in parvis jactantia.
Quintil. lib. 1. cap. 6.
Opus eft ut verba à vetuftate repetita neque
crebra fint, neque manifefta, quia nil eft
odiofius affectatione; nec utique ab ultimis re-
petita temporibus. Oratio cujus fumma virtus
eft perfpicuitas, quam fit vitiofa fi egeat in-
terprete? Ergo ut novorum optima erunt ma-
xime vetera, ita veterum maxime nova.
Idem.

les sçavans. C'est sans succès que
ces faquins, grossiérement vains,
veulent ainsi que le *Fungoso* *
de la Comédie, faire parade des
habits dont les gens du bel air
ont fait usage la saison derniére.
Ils ne ressemblent aux esprits de
l'ancien tems, tout au plus, qu'-
ainsi que des Singes en vieux
pourpoints ressemblent à nos
grands Péres. La même régle a
lieu pour les mots comme pour
les modes; ne donnez point trop
dans le neuf, n'adhérez point
trop à l'ancien : l'un & l'autre est
également ridicule. On ne doit
être ni des prémiers à éprouver
l'un, ni des derniers à abandonner l'autre.

---

* *Personnage d'une Comédie de Ben-
Johnson.*

7. Mais la plûpart jugent d'un Poéme par la cadence * des vers; il est bon ou mauvais, suivant qu'elle est douce ou rude. Quoique mille charmes conspirent à la gloire d'une Muse brillante, un sot épris de l'harmonie n'en admire que la voix. C'est le plaisir de l'ouye & non pas l'envie de cultiver son esprit qui l'attire au Parnasse ; semblable à ceux qui fréquentent les Temples, non pour l'édification, mais pour la Musique. Il ne recherche

Cadence &
Harmonie.

** Quis populi sermo est ? Quis enim ? Nisi carmine molli*
Nunc demum numero fluere ut per lave severos
Effugit junctura ungues : scit tendere versum.
Non secus ac si oculo rubricam dirigat uno.
Persius, Sat. 1.

qu'une certaine égalité dans les
syllabes, quoique l'oreille souvent soit harassée par l'articula-
tion de voyelles qui * s'entre-
heurtent, que des mots explétifs
soutenus sur un foible apui
soient inutilement ajoutés, que
dix petits mots rampent dans un
vers très stupide, & qu'on soit
rebattu par le bourdonnement
d'une monotomie uniforme dont
le retour assuré est une rime at-
tendue, *réattendue.* Si l'on vous
fait ressentir *l'haleine rafraîchis-
sante des zéphirs,* le vers suivant vous fera entendre, *au tra-*

---

* *Fugiemus crebras vocalium concursiones
quæ vastam atque hiantem orationem reddunt.*
Cic. ad Herenn. lib. 4. *Vide etiam* Quintil.
lib. 4. cap. 9.

*vers des feuillages, leurs ten-
dres foupirs.* Au murmure agréable d'un ruiffeau *criftalin* que le
Poéte fait *gazouiller*, le Lecteur
eft menacé, & non en vain, de
fommeiller. Alors & enfin, un
vers Aléxandrin & hors d'œuvre,
femblable à un Serpent bleffé
dont le corps long & tortueux ne
fe traîne qu'avec peine, finit un
couplet chargé de chofes vuides
de fens, qu'on qualifie de belles
penfées. Laiffons à ces amateurs
du fon, le foin de rimer avec
mélodie des vers infipides, & de
connoître ce qui fait un fon
moëlleufement doux, ou lan-
guiffament lent. Réfervons nos
éloges à l'agréable vigueur d'une
poéfie qui réunit la force de

Dénham, & la douceur de *Waller* *. Ecrire avec aisance, est l'effet non du hazard, mais de l'art ; ainsi que des mouvemens aisés sont plus naturels à ceux qui se sont apliqués à la danse. Ce n'est point assez d'éviter une rudesse offensante ; le son doit paroître l'écho du sens qu'il exprime. Le souffle badin du zéphir doit se faire sentir dans un vers badin, & le cours d'un ruisseau doit se retrouver dans un style encore plus coulant. Des flots bruyans qui font retentir le rivage contre lequel ils se brisent, doivent faire entendre dans une poésie rude & rauque, le fracas

---

* Deux Poétes Anglois fort estimés, qui vivoient du tems de Charles II.

des

des torrens. Les efforts d'Ajax pour lancer un rocher d'un poids énorme , doivent faire paſſer dans les vers un travail peiné & des mots peſans. On doit par un ſtyle aiſé & léger , ſuivre la viteſſe de Camille au travers des plaines & ſur la mer, ſans fouler les épics & en ne touchant que la ſuperficie de l'onde. Ecoutez comment les accens variés de Timothée * ſurprennent ; comment tour à tour ils excitent & calment les paſſions ; comment le fils de Jupiter Lidien eſt alternativement enflammé par la gloire, attendri par l'amour : ſes

---

*. Alluſion à une *Cantate de Dryden, intitulée : Fête d'Aléxandre, ou La puiſſance de la Muſique.* Timothée étoit un fameux Muſicien Grec qui vivoit du tems d'Aléxandre.

F

yeux terribles brillent en ce moment d'une fureur étincellante ;
& dans le moment suivant, des
foupirs lui échapent & il laiffe
couler des pleurs. La nature agit
de la même maniére fur les
Grecs & fur les Perfans , & le
vainqueur du monde fut vaincu
par l'harmonie. Tous nos cœurs
rendent homage à la puiffance
de la Mufique , & ce que Timothée fut autrefois, *Dryden* * l'eft
aujourd'hui.

Facilité ou difficulté dans le goût.

8. Evitez les extrêmes , & ne
reffemblez point à ceux qui font
trop faciles ou trop difficiles à

---

* *Dryden* eft un des plus grands Poétes
& un des plus grands Critiques qu'ai eu
l'Angleterre. Quoique fes ouvrages euffent
pû être plus châtiés, & même en toutes maniéres ; néanmoins on reconnoît dans toutes
fes piéces, un génie du prémier ordre.

contenter ; s'offenser des moindres bagatelles , c'eſt toujours marque d'une grande vanité ou de peu de ſens. Il en eſt du cerveau ainſi que de l'eſtomac ; on ne dira certainement pas qu'un eſtomac ſoit bon , lorſqu'il a du dégoût pour tout , & qu'il ne peut rien digérer. Cependant en garde contre l'autre extrême , que toutes penſées heureuſes ne vous jettent point dans des raviſſemens ; car l'admiration eſt pour les ſots , l'approbation eſt pour les hommes de ſens. La ſtupidité éxagére toujours : il en eſt ainſi que des objets que l'on aperçoit au travers des brouillards ; ils paroiſſent plus grands qu'ils ne ſont.

Prévention
en faveur de
certains écri-
vains.

9. Il y en a qui méprisent les Auteurs François ; il y en a qui méprisent les nôtres : Quelques-uns n'estiment que les anciens, quelques autres n'estiment que les modernes. C'est ainsi que chacun borne le bel-esprit, ainsi que la foy, à une Secte particuliére, & que tout le reste est réprouvé : ils veulent dans leur médiocre conception limiter la faveur céleste, & forcer le Soleil à ne luire que sur une partie ; ce Soleil qui non seulement subtilise les esprits dans les climats brulans du sud, mais qui les mûrit aussi dans les climats gelés du nord ; qui depuis le commencement a brillé sur tous les âges passés, éclaire l'âge présent, & échauf-

fera l'âge futur : (quoiqu'à la vérité il ait ſes accroiſſemens & ſes
déclins, qu'il y ait des jours plus
clairs & des jours plus obſcurs).
Ne vous fixez donc point à ce
qui eſt ancien ou moderne ; mais
blamez tout ce qui eſt dans le
faux , eſtimez tout ce qui eſt
dans le vrai.

10. Il y en a qui ne produi-
ſent jamais un jugement de leur
fonds ; mais ils attrapent l'opinion courante qui prévaut dans
le monde ; ils ne raiſonnent &
ne décident que par imitation ,
& ils étalent des abſurdités qu'ils
n'inventerent jamais. D'autres
jugent d'un Ouvrage , non par
l'Ouvrage même , mais par le
nom de l'Auteur : ce n'eſt point

le Livre, mais l'homme qu'ils louent ou qu'ils blament. De toute cette troupe servile, le pire de tous est celui dont la fiére stupidité hante les Seigneurs : Critique assidu à la table des Grands, il *hape* & raporte des inepties pour My'ord. Tel Madrigal, s'il étoit de quelque Poéte de louage ou de moi, seroit de la chétive drogue ; mais si Mylord déclare que ces heureux Vers sont de sa façon, on découvre qu'ils petillent d'esprit, on trouve que le stile en est poli : au bruit de son nom sacré toutes les fautes s'éclipsent, & chaque stance aplaudie acouche de quelque pensée.

Critique Parasite & flateur.

12. C'est ainsi que l'esprit d'imitation conduit le vulgaire

Esprit d'imitation & de singularité.

dans l'erreur, de même que souvent l'esprit de singularité y conduit les Sçavans. Ils méprisent le
vulgaire au point que si par hazard il va droit, ils iront exprès
de travers. Ainsi voit - on les
Schismatiques se séparer des
vrais croyans, & ne se perdre que
parce qu'ils ont trop d'esprit.

13. Il y en a qui louent le ma-
tin ce qu'ils blament le soir ; mais
ils pensent toujours que leur derniére opinion est juste. Ils traitent les Muses ainsi que l'on trai-
te une Maitresse, idolatrée en ce
moment, maltraitée dans l'autre.
Leur foible cerveau, semblable
à une place ouverte, est alternativement occupée par le bon
sens, par l'absurdité. Deman-

*Esprit d'in-
constance.*

dez-leur quelle en est la raison ;
c'est, vous diront-ils, qu'ils sont
devenus plus habiles, & demain
ils le feront encore plus qu'aujourd'hui. Nous le devenons au
point que nous croyons que nos
ancêtres ont été des sots ; n'en
doutont point, nos petits neveux
encore plus habiles nous regar-
deront de même. Autrefois cette Isle zélée étoit couverte de
Théologiens Scolastiques ; celui
qui sçavoit le plus de Sentences
& d'axiomes étoit le plus *erudit.*
La Foi, l'Evangile, tout paroif-
foit n'être fait que pour être mis
en dispute ; & personne n'avoit
affés de raison pour avoir tort. A
présent les Scotistes & les Tho-
mistes reposent en paix dans
Duck-lane,

Duck-lane *, comme en famil-
le, au milieu des toiles d'arai-
gnée. Si la Religion elle-même
a été affujétie à différentes
modes, doit-il paroître éton-
nant que l'efprit le foit à fon
tour. Souvent on dédaigne ce qui
eft naturel, ce qui feroit à pro-
pos: la folie courante ** eft ce
qui fait l'homme d'efprit ; & les
Auteurs croyent qu'une réputation qui vit auffi long-tems qu'il
plaît aux fots de rire, eft une réputation en fûreté.

14. Il y en a qui n'eftiment que Efprit de parti.

---

* *Duck-lane eft une rue près de Smithfield où l'on vendoit autrefois des Bouquins.*

** Il y a eu un tems que pour être homme
d'efprit, il falloit faire des anagrammes,
des Acroftiches, &c. Un Auteur étoit alors
content de lui-même lorfqu'il réuffiffoit
dans ces fotifes.

G

50 ESSAI SUR

les Auteurs de leur parti & de
leur sentiment : Ils se font la mesure du genre humain. *Entichés*
d'eux-mêmes, ils croyent honorer le mérite, lorsque ce n'est que
leur panégirique qu'ils font dans
la personne des autres. Les Par-
tis qui divisent l'Etat divisent la
Littérature, & les factions pu-
bliques redoublent les haines
privées. L'orgueil, la malice,
l'envie, la folie, sous différentes
formes, d'Ecclésiastique, de Critique & de Petit-Maître s'élevé-
rent contre *Dryden*, mais le sens
survécut à des plaisanteries passa-
géres ; car enfin le vrai mérite se
reléve de lui-même. Si *Dryden*
pouvoit retourner à la vie, (ah
que nos yeux ne puissent-ils

avoir le bonheur de l'envisager
encore une fois !) on verroit re-
naître de nouveaux *Blackmores*
& de nouveaux *Milbournes* : *
même si le Grand Homére éle-
voit de nouveau sa tête respecta-
ble, Zoyle de nouveau reparoî-
troit du rivage des morts. L'envie poursuivra le mérite aussi
constamment que l'ombre suit le
corps, mais, ainsi que l'ombre,
elle est l'effet d'une substance
dont elle prouve la réalité : car
l'esprit envié est comme le Soleil
éclipsé, qui ne fait connoître de
grossiéreté que celle du corps

---

* *Milbourn* a attaqué *Dryden*, & *Black-
more* a attaqué *Dryden* & *Pope* ; mais tout ce
qu'ils ont dit n'a ni diminué la réputation de
ceux qu'ils attaquoient, ni augmenté celle
de leurs propres Ouvrages.

qui l'offufque. Lorfqu'au commencement de fa courfe il dar-
de des rayons trop puiffans,
il éléve des vapeurs qui obfcur-
ciffent fon éclat; mais ces mêmes
nuages ornent enfin fa carriére ;
il en réfléchit de nouveaux
rayons, ils augmentent la fplen-
deur du jour.

15. Soyez le prémier à vous
déclarer pour le vrai mérite : Ne
louer que lorfque tout le monde l'ordonne , c'eft donner des
louanges qui ne font d'aucun
prix. La vie des Poéfies Modernes eft , helas ! d'une courte durée , & il eft jufte qu'elles vivent
de bonne heure. L'efprit ne vit
plus dans cet âge d'or , cet âge de
Patriarche où l'on furvivoit

Louer les bons ouvra-ges dès leur naiffance.
Courte durée de leur régne.

mille ans ; la renommée (nôtre seconde vie) est promtement éteinte, & douze lustres de durée est tout ce dont on peut se flatter. Nos fils voyent dépérir le langage de leurs péres, & ce que *Chaucher* est *, *Dryden* le sera. C'est ainsi que lorsque le pinceau fidéle a tracé quelqu'idée brillante, enfantée par un grand Maître ; que lorsqu'un monde nouveau s'éléve à son commandement, & que la nature obéïssante guide sa main ; que des couleurs moëlleuses , agréablement fondues ensemble, unissent & représen-

---

* On peut appeller *Chaucher* le pére des Poétes Anglois. Il vivoit dans le 14e. siécle. Ses expressions sont vieillies, mais le naturel , la force & les graces avec lesquelles il écrivoit sont toujours nouvelles.

tent un juſte mélange d'ombres
& de lumieres ; que les années
les adouciſſant , les mûriſſant
pour ainſi dire , leur donnent
leur entiére perfection ; lorſque
chaque figure animée par un pinceau hardi , commence de reſpirer la vie, les couleurs infidéles
trahiſſent l'art & le talent de l'ouvrier ; cette production , cette
création ſi brillante ſe flétrit &
paſſe.

Vanité du
bel eſprit, &
combien il
dédomage
peu de l'en-
vie.

16. Malheureuſement le bel-
eſprit n'expie pas l'envie qu'il
excite ; & il en eſt ainſi de preſque toutes les choſes dont on
connoît mal la nature. C'eſt un
renom dont on ſe glorifie dans la
jeuneſſe ; vanité de courte durée
dont on eſt bientôt revenu. Elle

paſſe ainſi qu'une belle fleur que le Printems produit dans ſa primeur ; elle fleurit avec éclat, & en fleuriſſant elle ſe fanne & périt. Qu'eſt-ce en effet que ce bel-eſprit auquel nous ſacrifions tant de ſoins ? Avoir un bel eſprit, c'eſt avoir une femme dont les autres jouiſſent. Il n'eſt jamais plus à charge, que lorſqu'il eſt le plus admiré ; plus il donne, plus on lui demande ; on en gagne la réputation avec beaucoup de peine, on la perd avec facilité : on eſt ſûr de déplaire à quelques-uns, & de ne jamais plaire à tous. Enfin, un homme à bel-eſprit eſt craint par les vicieux, évité par les gens de bien : il eſt haï

par les ſots & dupé par les fri-
pons.

17. Puiſque le bel-eſprit eſt ſi
fort expoſé aux traits de l'ignorance, qu'au moins le ſçavoir ne
ſe déclare point de ſes ennemis.
Autrefois qui excelloit étoit ré-
compenſé, & même qui faiſoit
des éforts ne demeuroit pas ſans
louange. Quoique l'honneur du
triomphe ne fût que pour les Gé-
néraux, il y avoit cependant des
Couronnes réſervées pour les
Soldats. A préſent ceux qui peuvent atteindre le ſommet du Par-
naſſe, tâchent d'en précipiter les
autres ; & les beaux-eſprits gou-
vernés par l'amour propre, en
proye à la jalouſie, deviennent
par leurs débats le jouet des ſots.

Toutefois ne vous faites pas un plaiſir de louer de méchans Auteurs, car ils ſont d’ordinaire auſſi mauvais Amis que mauvais Ecrivains. A quelles indignes fins, & par quels indignes moyens la ſoif éxécrable de la louange, ne pouſſe-t-elle pas les mortels ? Ne vous glorifiez point d’être ſi âpres à la pourſuite de la gloire : Que le Critique n’anéantiſſe point l’homme ; qu’au bon ſens, à un ſens éminent, on joigne un bon cœur, un cœur généreux. Errer eſt humain, il eſt divin de pardonner.

18. Mais ſi un eſprit généreux n’eſt point entiérement épuré de bile & d’aigreur, qu’il décharge ſa rage ſur des crimes plus di- Occaſion où il eſt permis d’uſer de ſévérité ; l’employer contre l’obſcénité & l’irréligion.

gnes de son couroux ; & qu'il ne craigne point une disette de sujets dans un siécle si corrompu. Ce qui est sale & obscéne, quoique l'art & l'esprit conspirent pour émouvoir l'ame, ne devroit point trouver d'indulgence. Lorsque la stupidité est jointe à l'obscénité, elle est aussi honteuse que l'impuissance l'est dans la débauche. C'est une Yvraye qui a germé avec abondance, & qui s'est multipliée avec profusion dans le tems fertile du plaisir, des richesses & du repos : lorsque l'amour faisoit tous les soins d'un Monarque indolent *, rarement

---

* L'Angleterre, & sur tout la Cour, a été fertile en beaux esprits sous Charles II Les filles de joye alloient masquées aux Specta-

en son Conseil, & jamais à la
Guerre. Des Courtisanes alors
gouvernoient l'Etat, & les hommes d'Etat écrivoient des Farces;
même les beaux esprits avoient
des Pensions, & les jeunes Seigneurs avoient de l'esprit : à la
représentation d'une Piéce d'un
homme de Cour, le cœur des
Dames émû palpitoit en liberté;
un *Masque* ne s'en retournoit
point sans être endoctriné; l'é-
ventail ne fut plus levé au secours
de la modestie; les Dames sou-

___

cles : ce fut le régne de l'esprit & de la débauche. Le cœur étoit corrompu, & l'esprit
le fut à la révolution, lorsque Jacques II. se
retira, & que Guillaume III Prince d'O-
range monta sur le Trône. Le Socinianisme
fit de grands progrès en Angleterre : la Di-
vinité de Jesus Christ & l'éternité des pei-
nes furent révoquées en doute, & débatues
en Chaire : Morale fort encourageante.

rirent de ce qui autrefois les
faiſoit rougir. Enſuite la licence d'un régne étranger inonda le
Pays des opinions corrompues du
hardi *Socin*. * Des Prêtres ſans
Foy réformérent la Nation , &
enſeignérent des maniéres plus
agréables de ſe ſauver : Les hommes , ainſi que des Sujets libres ,
y diſputoient de leurs droits avec
les Cieux , & Dieu paroiſſoit
n'être plus un Maître abſolu. Les

---

* M. Pope a retranché de cet endroit deux
Vers dont voici la traduction. *Alors pour a
prémiére fois on prôna les principes Belgiques :
le Hollandois nous donna ſa Religion , & nous
prit notre argent.* On a voulu critiquer cette
penſée en diſant que l'argent eſt la Religion
des Hollandois. Satire violente , véritable
néanmoins à l'égard d'un petit nombre de
Particuliers de tous Pays & de tout Etat.
M. Pope a cru qu'on devoit omettte ces re-
proches injurieux à toute une Nation , &
c'eſt ce qui lui a fait ſuprimer ces deux Vers.

Chaires sacrées épargnérent leur sainte Satire, & le vice étonné y trouva des flateurs. Ainsi encouragés, des esprits, nouveaux Titans, bravérent les Cieux, & des Volumes de blasphêmes autorisés firent gémir la Presse. Voilà, Critiques, les Monstres qu'il faut combattre; frappez, tonnez, épuisez votre rage. Craignez cependant de heurter le même écueil, vous qui par une subtilité délicate & scandaleuse voulez absolument pour trouver un Auteur vicieux, le mal entendre. Tout paroît infecté à qui l'est, de même que tout paroît jaune à un œil bilieux.

III.
P ART. 1. APPRENEZ donc quelle doit être la conduite morale d'un Critique, car le sçavoir ne renferme pas toutes les qualités d'un Juge. Ce n'est point assés de réunir l'esprit, l'art & la science ; il faut que la vérité & la candeur brillent dans tous vos discours ; que non seulement vous méritiez l'idée avantageuse qu'on a de vôtre jugement, mais que vous méritiez encore qu'on recherche vôtre amitié.

2. Ne parlez point lorsque vous vous méfiez de votre sens : & lorsque vous en êtes assuré, ne parlez que comme si vous en doutiez vous-même. Nous connoissons plus d'un fat, décisif

& têtu, qui, si une fois il a un tort, absolument n'en démordra jamais. Mais reconnoissez avec plaisir vos fautes passées, & que chaque jour critique celui qui l'a précédé.

3. Que vos avis soient toujours *Véracité & politesse.* vrais, mais ce n'est point encore assés : Une vérité brusque fait plus de mal qu'un mensonge adroit. Il faut instruire les hommes comme si on ne les instruisoit point, & ne leur proposer des choses qu'ils ignorent que comme des choses qu'ils ont oubliées. C'est l'art & la politesse qui font gouter la vérité, & ce n'est que par-là qu'un génie supérieur se rend aimable,

4. Ne foyez chiche d'avis fous aucun prétexte, car il n'y a point d'avares plus haïffables que ceux qui le font de leurs lumiéres. Ne trahiffez jamais par une baffe complaifance la confiance que l'on a en vous, & ne foyez point civil au point d'être injufte. Ne craignez point d'irriter un homme habile : ceux qui méritent d'être loués, font ceux qui fouffrent le plus volontiers d'être repris.

Occafion où il faut être réfervé.

5. Ce feroit un bonheur, fi les Critiques pouvoient toujours prendre cette liberté ; mais *Appius* s'enflame à chaque parole que vous dites : il eft violemment émû, il lance des regards

terribles

terribles & menaçans ; en ce moment il reſſemble à un de ces
cruels Tyrans que l'on voit re-
préſentés dans de vieilles Haute-
lices. Craignez ſur tout de cen-
ſurer un Sot de condition , qui a
droit d'être Sot ſans être cenſuré.
Il peut lorſqu'il lui plaît être
Poéte ſans eſprit , ainſi qu'il peut
prendre des dégrés , ſans aucun
ſçavoir. Laiſſez les vérités dan-
gereuſes à un Satyre ſans ſuccès ;
& n'enlevez point de fades flate-
ries aux Epitres dédicatoires ; on
croit auſſi peu les louanges qu'elles renferment que les promeſſes
que font leurs Auteurs de ne plus
écrire. Il vaut quelquefois mieux
retenir ſa cenſure & permettre

H

charitablement à un Sot d'être vain. Il vaut mieux garder le silence que de railler, car qui pourroit le faire auſſi long-tems qu'un Sot peut écrire ? Toujours bourdonnant, il continue ſon allure aſſoupiſſante ; le railler, c'eſt fouetter un ſabot ; plus on le fouéte, mieux il dort. Un faux pas l'aide à recommencer ſa courſe avec p'us de vigueur, ainſi qu'une roſſe après avoir bronché hâte le pas. Combien de ces ſots qui hardis, ſans remords, vieilliſſent impénitens, rimaillant ſans fin des ſons vuides, pur cliquetis de ſyllabes : Dans les accès de leur veine furieuſe, ils épuiſent leur peu de

cervelle, ils en expriment jusqu'à la lie, & pompent avec effort
jusqu'à la derniere goute de leur
esprit stupide, rûnant avec toute
la rage qui accompagne l'impuissance.

6. Ouy, nous avons de cette Caractére d'un Critique impertinent.
engeance honteuse, Poétes des-
titués d'honneur ; mais il est vrai
aussi que nous avons des Critiques entiérement destitués de
raison. Représentez - vous un
sot lettré qui a beaucoup lû, &
avec beaucoup d'ignorance ; dont
la tête est remplie d'un fatras sça-
vant, qui s'édifie par ses discours,
& qui paroît s'écouter avec com-
plaisance : il lit tous les Livres,
& tout ce qu'il lit, il l'attaque,
depuis les Fables de *Dryden* jus-

qu'au contes de *Durfey* *. Suivant lui, preſque tous les Auteurs ont volé leur ouvrage, ou l'ont acheté : *Garth* ** n'a point écrit ſon propre *Diſpenſary*. Parlez d'une piéce nouvelle, il eſt ami du Poéte, même il lui en a montré les défauts ; mais où ſont les Poétes qui veulent ſe corriger ? Il n'y a point d'endroit ſacré où l'on ſoit à l'abri d'un tel fat, & l'on n'eſt pas plus en ſûreté dans l'Egliſe que dans le Parvis. Retirez-vous juſques dans le Sanctuaire, il vous y aſſaſſinera par ſon ba-

---

* *Durfey* eſt connu par des Chanſons dans le goût de celles du Pont Neuf, & ne l'eſt guéres par le reſte de ſes ouvrages qui ſont aſſés volumineux.

** Le Diſpenſary eſt un Poéme très eſtimé dans le goût du Lutrin. Le ſujet eſt une diſpute de Medecins & d'Apoticaires.

bil ; car un fot impudent profane fans difcrétion, les retraites les plus facrées, & dont les Anges mêmes n'aprochent qu'en trem-blant. Un efprit qui fe défie de fes forces, parle avec une mo-deftie réfervée ; toujours l'œil fur lui-même, il ne fait point de longues excurfions : un babillard écervelé vous lâche des bordées entiéres ; rien ne le choque, rien ne le détourne : c'eft un flot à qui rien ne réfifte, & qui créve avec bruit.

7. Mais où eft l'homme qui peut donner un avis fans autre attrait que le plaifir d'inftruire, & fans s'enorgueillir de fon fça-voir ; qui eft intégre, également inacceffible à la faveur ou à l'en-

vie ; qui n'est point sottement prévenu, ou qui n'a point aveuglément raison ; qui unit à la science la politesse, & à la politesse la sincérité ; qui est hardi avec modestie & sévére avec humanité ; qui n'est aveugle ni sur les fautes d'un ami, ni sur le mérite d'un ennemi ; relevant avec liberté les fautes de l'un, & rendant avec plaisir justice au mérite de l'autre : d'un goût éxact sans être borné, qui connoit également les livres & les hommes, d'un commerce libre & généreux, dont l'ame est éxemte de fierté, & qui aime à louer lorsque la raison l'autorise à le faire.

Histoire de la Critique.

8. Tels étoient autrefois les Critiques ; tel en a été le petit

nombre heureux qu'Athénes &
Rome ont vu fleurir dans des
siécles moins corrompus. Le génie puissant du Philosophe de Aristote
Stagire, osa le prémier reconnoître l'étendue de cette mer ;
guidé par la lumiére de l'étoile
de Méonie *, il quitta le rivage,
vogua à pleines voiles, dirigea
sa course avec sûreté, & fit de
vastes découvertes. Les Poétes,
race si long-tems libre & vaga-
bonde & qui encore aujourd'hui
aime une liberté sauvage & s'en
fait gloire, reçurent ses loix ; &

---

* La Méonie ou la Lidie, Province de
l'Asie mineure, reclame la Naissance d'Homére. *Mæonium os* dans Martial, signifie
l'Eloquence d'Homére, & dans Horace
Mæonium Carmen veut dire, Poéme héroï-
que, par allusion à l'Iliade & à l'Odissée
d'Homére.

ils demeurérent convaincus qu'il étoit juste que qui avoit conquis la nature présidât au bel-esprit.

Horace.   9. Horace sçait charmer par une grace négligée, & sans beaucoup de méthode il nous parle bon sens ; il infuse dans l'esprit de son Lecteur avec familiarité & d'une maniére d'ami, les notions les plus certaines de la maniére la plus aisée. D'un jugement ainsi que d'un esprit éminent, il pouvoit ainsi qu'il a écrit, critiquer avec hardiesse ; quoique ses poésies soient remplies de feu, il ne juge cependant qu'avec flegme : ses préceptes n'enseignent que ce que ses ouvrages inspirent. Nos Critiques donnent dans une extrémité tout-à-fait opposée ; ils

jugent

jugent avec chaleur & écrivent avec froideur : & Horace n'a pas moins à souffrir de nos prétendus beaux - esprits que les anciens Critiques , aussi mal traduit que ceux-ci sont mal cités.

10. Voyez Denis d'Halicar- Denis d'Halicarnasse rafiner les pensées d'Ho- licarnasse. mére , & découvrir dans chaque vers de nouvelles beautés.

11. L'art & l'imagination Pétrone. plaisent dans l'agréable Pétrone. On y trouve réunies l'aisance de l'homme de Cour & la science de l'homme Lettré.

12. L'ouvrage abondant du Quintilien grave Quintilien propose les ré- gles les plus justes , jointes à la méthode la plus claire. C'est ainsi que dans un Arsenal on arrange

I

& on difpofe des armes avec ordre & avec grace, non feulement
pour plaire aux yeux des curieux,
mais pour qu'on puiffe les trouver avec facilité lorfque le befoin
le demande.

Longin.

13. O toi, hardi Longin, le
Critique des Mufes, elles t'inf-
pirérent tout le feu qu'elles inf-
pirent à leurs Poëtes. C'eft un
Juge vif, qui fidéle & zélé décide
avec chaleur, mais toujours avec
juftice ; qui donne de la vigueur
à fes loix par fon propre éxemple, & qui eft lui-même cet Auteur fublime dont il fait le por-
trait.

Décadence
de la Criti-
que.

14. C'eft ainfi que régna long-
tems & fucceffivement le jufte
Empire des Critiques ; que la li-

cence fut réprimée, & que des
loix sages & utiles furent établies.
Le sçavoir augmenta avec la
puissance de Rome ; les Arts sui-
virent le vol de ses Aigles, & enfin les Lettres & l'Empire suc-
combérent sous les mêmes ennemis : le même siécle qui vit périr Rome, vit périr le sçavoir.
La superstition s'unit à la tiran-
nie ; ainsi que celle-ci enchaîne
le corps, de même l'autre enchaîne l'esprit. On eut beaucoup
de foi, fort peu d'intelligence ;
& l'on caractérisa de bonté ce
qui n'étoit que stupidité. Un
double déluge renversa ainsi
toutes les Sciences ; les Moines
achevérent ce que les Goths
avoient commencé.

15. Enfin Eraſme cet homme ſi grand & ſi calomnié, la gloire & la honte de ſon état, arrêta le torrent impétueux de cet âge barbare, & il chaſſa de la Scéne de la littérature ces Vandales cloîtrés.

16. On vit ſous Léon X. briller un nouvel âge d'or; les Muſes revinrent de leur évanouiſſement; & les Poétes *recultivérent* leurs lauriers flétris. Le génie de l'ancienne Rome, ſecouant la pouſſiére, reparut de deſſous les ruines, & éleva ſa tête reſpectable. La Sculpture renaquit, & les beaux Arts avec cette aimable Sœur : les pierres prirent forme, & des blocs de marbre commencérent à reſpirer.

Les Temples réédifiés retentirent d'accens plus doux ; *Raphaël* peignit, & *Vida* * écrivit. Immortel *Vida*, sur le front honorable duquel croît le laurier du Poéte, & le lierre * * du Critique, Crémone vantera à jamais la gloire de ton nom, aussi peu éloignée de Mantoue, que peu inférieure à sa renomée.

17. Mais bientôt chassées du *Latium* par des armes impies, les Muses bannies passérent leurs anciennes limites, & s'avancé-

---

* *Vida est un excellent Poéte Latin qui vivoit du tems de Léon X. Il a écrit en vers un art Poétique.*

* * Le Lierre est aproprié aux Critiques avec beaucoup de raison ; parce qu'ainsi que le Lierre s'attache aux arbres, & ne s'éleve que par leur moyen, de même la Critique ne s'éleve qu'en s'attachant à de grands Auteurs.

rent vers le Nord. On vit sur-
tout fleurir la Critique en France ;
le François né avec un esprit d'o-
béiſſance ſe ſoumet aux régles ;
Boileau.   & Boileau d'accord avec Horace,
régne deſpotiquement.

Etat de la   18. Mais nous, braves An-
Littérature
en Angleter-   glois, qui n'avons été ni conquis
re.
ni civiliſés, nous mépriſons les
loix étrangéres. Défenſeurs hardis & féroces des libertés de l'eſprit, comme autrefois, nous
défions encore aujourd'hui les
Romains. Cependant parmi le
petit nombre de ceux qui préſu-
ment moins & qui connoiſſent
mieux, il y en a qui ont oſé prendre en main la juſte cauſe des
Anciens, & qui ont proclamé
ici les loix fondamentales du bel-

esprit. Telle étoit la Muse qui Bucking-ham.
nous dit par ses préceptes & par
ses éxemples *, *qu'un bon écrit
est le Chef-d'œuvre de la nature.*
Tel étoit ** *Roscommon* d'un Roscommon.
aussi bon naturel que d'un grand
sçavoir, dont les mœurs & les
maniéres généreuses répondoient
à la noblesse de son sang, qui
connoissoit le goût & l'esprit de
Rome & d'Athénes, qui connoissoit le mérite de chaque Auteur excepté le sien. Tel étoit
Walsh † l'ami & le juge des Mu- Walsh.

---

* C'est la traduction d'un vers de *l'Essai
sur la Poésie* par *Sheffield* Duc de *Bucking-
ham.*

** C'est *VVentvvorth Dillon* Comte de
Roscommon dont j'ai cité quelques traits
dans la Préface.

† *VValsh* a fait quelques piéces fugiti-
ves de Poésie, & a laissé le Public avec le

fes , qui fçavoit louer ou blâmer
avec difcernement , doux & in-
dulgent pour les fautes, vif &
zélé pour le mérite, d'un jugement net & d'un cœur fincére.
Recevez , Ombre regrettée, ces
humbles éloges : c'eft tout au
moins ce que peut donner une
Mufe reconnoiffante , une Mufe
à qui vous aprîtes de bonne-heu-
re à former fes accens, à qui vous
prefcrivîtes fon effor , & dont
vous émondâtes les aîles encore
tendres : à préfent qu'elle a perdu fon guide , elle n'ofe plus s'é-
lever , mais terre-à-terre elle ne
fait que de courtes excurfions :

---

regret de ce qu'il n'en avoit pas fait davan-
tage. Il mourut l'année avant la publica-
tion de cet Effai, dont l'Auteur n'avoit alors
que dix-neuf ans.

Elle eſt contente ſi elle donne ici Concluſion
lieu aux ignorans de reconnoître
ce qui leur manque, & aux ſça-
vans de réfléchir ſur ce qu'ils ſça-
voient déja : elle n'eſt ni trop
inquiéte de la cenſure, ni trop
avide de gloire ; elle ſe plaît à
louer, & ne craint point de blâmer : elle hait également la flat-
terie & la médiſance ; elle n'eſt
ni éxemte de faute, ni aſſez pré-
ſomptueuſe pour ne ſe point corriger.

F I N.

De l'Imprimerie de CLAUDE SIMON.

Imprimer ledit Livre ci-deſſus ſpécifié, con-
jointement ou ſéparément, & autant de fois
que bon lui ſemblera ; & de le faire vendre
& débiter par tout notre Royaume, pendant
le tems de trois années conſécutives , à
compter du jour de la date deſdites Préſentes. Faiſons défenſes à tous Libraires , Imprimeurs & autres perſonnes , de quelque
qualité & condition qu'elles ſoient , d'en
introduire d'impreſſion étrangere dans aucun lieu de notre obéïſſance : à la charge
que ces Préſentes ſeront enregiſtrées tout
au long ſur le Regiſtre de la Communauté
des Libraires & Imprimeurs de Paris , dans
trois mois de la date d'icelles ; que l'impreſſion de ce Livre ſera faite dans notre
Royaume & non ailleurs ; & que l'Impé-
trant ſe conformera en tout aux Reglemens
de la Librairie , & notamment à celui du 10
Avril 1725 ; & qu'avant que de l'expoſer en
vente , le Manuſcrit ou Imprimé qui aura
ſervi de copie à l'impreſſion dudit Livre ,
ſera remis dans le même état où l'approbation y aura été donnée, ès mains de notre
très-cher & féal Chevalier Garde des Sceaux
de France le Sieur Chauvelin ; & qu'il en
ſera enſuite remis deux Exemplaires dans
notre Bibliotheque publique, un dans celle
de notre Château du Louvre , & un dans
celle de notredit très-cher & féal Chevalier
Garde des Sceaux de France le ſieur Chauvelin, le tout à peine de nullité des Préſentes : du contenu deſquelles vous man-
dons & enjoignons de faire joüir l'Expoſant
ou ſes ayans cauſe , pleinement & paiſible-

ment , fans fouffrir qu'il leur foit fait aucun trouble ou empêchement : Voulons qu'à
la copie defdites Préfentes qui fera imprimée
tout au long au commencement ou à la fin
dudit Livre , foi foit ajoûtée comme à l'o-
riginal : Commandons au premier notre
Huiffier ou Sergent , de faire pour l'execu-
tion d'icelles tous actes requis & néceffaires,
fans demander autre permiffion , & nonob-
ftant clameur de Haro , Charte Normande
& Lettres à ce contraires : Car tel eft notre
plaifir. DONNE' à Paris le dixiéme jour du
mois de Septembre , l'an de grace mil fept
cens trente-fix , & de notre Regne le vingt-
deuxiéme. Par le Roi en fon Confeil.

SAINSON.

*Regiftré fur le Regiftre 9. de la Chambre
Royale des Libraires & Imprimeurs , N.
342. fol. 300. conformément au Reglement
de 1723. qui fait défenfes , Article IV. à toutes fortes de perfonnes de quelque qualité
qu'elles foient , autres que les Libraires &
Imprimeurs , de vendre , débiter & faire
afficher aucuns Livres pour les vendre en leurs
noms , foit qu'ils s'en difent les Auteurs ou
autrement ; & à la charge de fournir à la-
dite Chambre les huit exemplaires & le ma-
nufcrit prefcrits par l'Article CVIII. du même
Reglement. A Paris le 18. Septembre 1736.*

Signé , MARTIN,
Syndic.

9 782329 599625